This Planner Belongs To:

_____

What's In Your Planner

2019 /20 School Calendar

August 2019

Su	Mo	Tu	We	Th	Fr	Sa
				1	2	3
4	5	6	7	8	9	10
11	12	13	14	15	16	17
18	19	20	21	22	23	24
25	26	27	28	29	30	31

September 2019

Su	Mo	Tu	We	Th	Fr	Sa
1	2	3	4	5	6	7
8	9	10	11	12	13	14
15	16	17	18	19	20	21
22	23	24	25	26	27	28
29	30					

October 2019

Su	Mo	Tu	We	Th	Fr	Sa
		1	2	3	4	5
6	7	8	9	10	11	12
13	14	15	16	17	18	19
20	21	22	23	24	25	26
27	28	29	30	31		

November 2019

Su	Mo	Tu	We	Th	Fr	Sa
					1	2
3	4	5	6	7	8	9
10	11	12	13	14	15	16
17	18	19	20	21	22	23
24	25	26	27	28	29	30

December 2019

Su	Mo	Tu	We	Th	Fr	Sa
1	2	3	4	5	6	7
8	9	10	11	12	13	14
15	16	17	18	19	20	21
22	23	24	25	26	27	28
29	30	31				

January 2020

Su	Mo	Tu	We	Th	Fr	Sa
			1	2	3	4
5	6	7	8	9	10	11
12	13	14	15	16	17	18
19	20	21	22	23	24	25
26	27	28	29	30	31	

February 2020

Su	Mo	Tu	We	Th	Fr	Sa
						1
2	3	4	5	6	7	8
9	10	11	12	13	14	15
16	17	18	19	20	21	22
23	24	25	26	27	28	29

March 2020

Su	Mo	Tu	We	Th	Fr	Sa
1	2	3	4	5	6	7
8	9	10	11	12	13	14
15	16	17	18	19	20	21
22	23	24	25	26	27	28
29	30	31				

April 2020

Su	Mo	Tu	We	Th	Fr	Sa
			1	2	3	4
5	6	7	8	9	10	11
12	13	14	15	16	17	18
19	20	21	22	23	24	25
26	27	28	29	30		

May 2020

Su	Mo	Tu	We	Th	Fr	Sa
					1	2
3	4	5	6	7	8	9
10	11	12	13	14	15	16
17	18	19	20	21	22	23
24	25	26	27	28	29	30
31						

June 2020

Su	Mo	Tu	We	Th	Fr	Sa
	1	2	3	4	5	6
7	8	9	10	11	12	13
14	15	16	17	18	19	20
21	22	23	24	25	26	27
28	29	30				

July 2020

Su	Mo	Tu	We	Th	Fr	Sa
			1	2	3	4
5	6	7	8	9	10	11
12	13	14	15	16	17	18
19	20	21	22	23	24	25
26	27	28	29	30	31	

Federal holidays 2019/20

Date	Holiday	Date	Holiday	Date	Holiday
Sep 2, 2019	Labor Day	Dec 25, 2019	Christmas Day	Feb 17, 2020	Presidents' Day
Oct 14, 2019	Columbus Day	Jan 1, 2020	New Year's Day	May 25, 2020	Memorial Day
Nov 11, 2019	Veterans Day	Jan 20, 2020	Martin Luther King Day	Jul 3, 2020	Indep. Day (obs.)
Nov 28, 2019	Thanksgiving Day			Jul 4, 2020	Independence Day

2019/20 School Calendar

Month	Su	Mo	Tu	We	Th	Fr	Sa	Term	Wk	Federal holidays / notes
Aug 2019	28	29	30	31	1	2	3			
	4	5	6	7	8	9	10			
	11	12	13	14	15	16	17			
	18	19	20	21	22	23	24			
	25	26	27	28	29	30	31			
Sep	1	2	3	4	5	6	7			Labor Day
	8	9	10	11	12	13	14			
	15	16	17	18	19	20	21			
	22	23	24	25	26	27	28			
	29	30	1	2	3	4	5			
Oct	6	7	8	9	10	11	12			
	13	14	15	16	17	18	19			Columbus Day
	20	21	22	23	24	25	26			
	27	28	29	30	31	1	2			
Nov	3	4	5	6	7	8	9			
	10	11	12	13	14	15	16			Veterans Day
	17	18	19	20	21	22	23			
	24	25	26	27	28	29	30			Thanksgiving Day
Dec	1	2	3	4	5	6	7			
	8	9	10	11	12	13	14			
	15	16	17	18	19	20	21			
	22	23	24	25	26	27	28			Christmas
	29	30	31	1	2	3	4			New Year's Day
Jan 2020	5	6	7	8	9	10	11			
	12	13	14	15	16	17	18			
	19	20	21	22	23	24	25			Martin Luther King Day
	26	27	28	29	30	31	1			
Feb	2	3	4	5	6	7	8			
	9	10	11	12	13	14	15			
	16	17	18	19	20	21	22			Presidents' Day
	23	24	25	26	27	28	29			
Mar	1	2	3	4	5	6	7			
	8	9	10	11	12	13	14			
	15	16	17	18	19	20	21			
	22	23	24	25	26	27	28			
	29	30	31	1	2	3	4			
Apr	5	6	7	8	9	10	11			
	12	13	14	15	16	17	18			
	19	20	21	22	23	24	25			
	26	27	28	29	30	1	2			
May	3	4	5	6	7	8	9			
	10	11	12	13	14	15	16			
	17	18	19	20	21	22	23			
	24	25	26	27	28	29	30			Memorial Day
	31	1	2	3	4	5	6			
Jun	7	8	9	10	11	12	13			
	14	15	16	17	18	19	20			
	21	22	23	24	25	26	27			
	28	29	30	1	2	3	4			Independence Day (observed), Independence Day
Jul	5	6	7	8	9	10	11			
	12	13	14	15	16	17	18			
	19	20	21	22	23	24	25			
	26	27	28	29	30	31	1			

2019-2020 Monthly Goals

August	September	October

November	December	January

February	March	April

May	June	July

My Top Goals This Year

My Top Priorities

- ❖ _____
- ❖ _____
- ❖ _____
- ❖ _____

Immediate To Do List

- ☐ _____
- ☐ _____
- ☐ _____
- ☐ _____
- ☐ _____
- ☐ _____
- ☐ _____

NOTES

More Ideas For This Year

Important Numbers

❖ _____

❖ _____

❖ _____

❖ _____

Resources Needed

❑ _____

❑ _____

❑ _____

❑ _____

❑ _____

❑ _____

❑ _____

My Quote or Mantra
For This Year.

Continuing Education

Date	Attended or Read	Time Spent

Important Resources and Passwords

Resources

_____   _____

_____   _____

_____   _____

_____   _____

_____   _____

_____   _____

_____   _____

User Name	Password	Website Urls
_____	_____	_____
_____	_____	_____
_____	_____	_____
_____	_____	_____
_____	_____	_____
_____	_____	_____
_____	_____	_____
_____	_____	_____
_____	_____	_____

Planned Field Trips

August	September	October
Where:		
When:		
Contact:		

November	December	January
Where:		
When:		
Contact:		

February	March	April
Where:		
When:		
Contact:		

May	June	July
Where:		
When:		
Contact:		

NOTES:

Student & Colleague Birthdays

August	September	October

November	December	January

February	March	April

May	June	July

Student Information and

No.	Name	Parent/Guardian	Phone: Home/Work/Cell
1			
2			
3			
4			
5			
6			
7			
8			
9			
10			
11			
12			
13			
14			
15			
16			
17			
18			
19			

Student Information and Roster

No.	Name	Parent/Guardian	Phone: Home/Work/Cell
20			
21			
22			
23			
24			
25			
26			
27			
28			
29			
30			
31			
32			
33			
34			
35			
36			
37			
38			

Student Seating Charts

Class Name:

Class Name:

Student Seating Charts

Class Name:

Class Name:

Week 1_____

My Top Objectives

- ❖ _____
- ❖ _____
- ❖ _____
- ❖ _____

Tuesday

To Do List

- ☐ _____
- ☐ _____
- ☐ _____
- ☐ _____
- ☐ _____
- ☐ _____
- ☐ _____

Wednesday

Thursday

_____

_____

_____

_____

_____

_____

_____

Friday

Saturday

Sunday

19

Plan For Week 1:_____

Monday

Tuesday

Wednesday

Thursday

Friday

Saturday

Sunday

Week 2_____

My Top Objectives

❖ _____

❖ _____

❖ _____

❖ _____

Tuesday

To Do List

❑ _____

❑ _____

❑ _____

❑ _____

❑ _____

❑ _____

❑ _____

Wednesday

Thursday

_____

_____

_____

_____

_____

_____

_____

Friday

Saturday

Sunday

Plan For Week 2:_____

Monday

Tuesday

Wednesday

Thursday

Friday

Saturday

Sunday

Week 3_____

My Top Objectives

❖ _____

❖ _____

❖ _____

❖ _____

To Do List

☐ _____

☐ _____

☐ _____

☐ _____

☐ _____

☐ _____

☐ _____

_____

_____

_____

_____

_____

_____

_____

Monday

Tuesday

Wednesday

Thursday

Friday

Saturday

Sunday

Plan For Week 3:_____

Monday

Tuesday

Wednesday

Thursday

Friday

Saturday

Sunday

Week 4 _____

My Top Objectives

- ❖ _____
- ❖ _____
- ❖ _____
- ❖ _____

To Do List

- ☐ _____
- ☐ _____
- ☐ _____
- ☐ _____
- ☐ _____
- ☐ _____
- ☐ _____

_____

_____

_____

_____

_____

_____

_____

Monday

Tuesday

Wednesday

Thursday

Friday

Saturday

Sunday

Plan For Week 4:_____

Monday

Tuesday

Wednesday

Thursday

Friday

Saturday

Sunday

Week 5_____

My Top Objectives

❖ _____

❖ _____

❖ _____

❖ _____

Tuesday

To Do List

❑ _____

❑ _____

❑ _____

❑ _____

❑ _____

❑ _____

❑ _____

Wednesday

Thursday

_____

_____

_____

_____

_____

_____

Friday

Saturday

Sunday

Plan For Week 5:_____

Monday

Tuesday

Wednesday

Thursday

Friday

Saturday

Sunday

Week 6 _____

My Top Objectives

❖ _____

❖ _____

❖ _____

❖ _____

To Do List

❑ _____

❑ _____

❑ _____

❑ _____

❑ _____

❑ _____

❑ _____

_____

_____

_____

_____

_____

_____

_____

_____

Monday

Tuesday

Wednesday

Thursday

Friday

Saturday

Sunday

Plan For Week 6:_____

Monday

Tuesday

Wednesday

Thursday

Friday

Saturday

Sunday

Week 7_____

My Top Objectives

- ❖ _____
- ❖ _____
- ❖ _____
- ❖ _____

To Do List

- ☐ _____
- ☐ _____
- ☐ _____
- ☐ _____
- ☐ _____
- ☐ _____
- ☐ _____

_____
_____
_____
_____
_____
_____

Monday

Tuesday

Wednesday

Thursday

Friday

Saturday

Sunday

Plan For Week 7:_____

Monday

Tuesday

Wednesday

Thursday

Friday

Saturday

Sunday

Week 8_____

My Top Objectives

❖ _____

❖ _____

❖ _____

❖ _____

Tuesday

To Do List

❑ _____

❑ _____

❑ _____

❑ _____

❑ _____

❑ _____

❑ _____

Wednesday

Thursday

_____

_____

_____

_____

_____

_____

_____

Friday

Saturday

Sunday

Plan For Week 8:_____

Monday

Tuesday

Wednesday

Thursday

Friday

Saturday

Sunday

Week 9_____

My Top Objectives

- ❖ _____
- ❖ _____
- ❖ _____
- ❖ _____

To Do List

- ❑ _____
- ❑ _____
- ❑ _____
- ❑ _____
- ❑ _____
- ❑ _____
- ❑ _____

_____

_____

_____

_____

_____

_____

_____

Monday

Tuesday

Wednesday

Thursday

Friday

Saturday

Sunday

Plan For Week 9:_____

Monday

Tuesday

Wednesday

Thursday

Friday

Saturday

Sunday

Week 10 _____

My Top Objectives

- ❖ _____
- ❖ _____
- ❖ _____
- ❖ _____

To Do List

- ☐ _____
- ☐ _____
- ☐ _____
- ☐ _____
- ☐ _____
- ☐ _____
- ☐ _____

_____

_____

_____

_____

_____

_____

_____

_____

Monday

Tuesday

Wednesday

Thursday

Friday

Saturday

Sunday

Plan For Week 10:_____

Monday

Tuesday

Wednesday

Thursday

Friday

Saturday

Sunday

Week 11 _____

My Top Objectives

❖ _____

❖ _____

❖ _____

❖ _____

Tuesday

To Do List

❑ _____

❑ _____

❑ _____

❑ _____

❑ _____

❑ _____

❑ _____

Wednesday

Thursday

_____

_____

_____

_____

_____

_____

_____

Friday

Saturday

Sunday

Plan For Week 11:_____

Monday

Tuesday

Wednesday

Thursday

Friday

Saturday

Sunday

Week 12 _____

My Top Objectives

❖ _____

❖ _____

❖ _____

❖ _____

To Do List

☐ _____

☐ _____

☐ _____

☐ _____

☐ _____

☐ _____

☐ _____

_____

_____

_____

_____

_____

_____

_____

Monday

Tuesday

Wednesday

Thursday

Friday

Saturday

Sunday

Plan For Week 12:_____

Monday

Tuesday

Wednesday

Thursday

Friday

Saturday

Sunday

Week 13_____

My Top Objectives

❖ _____

❖ _____

❖ _____

❖ _____

To Do List

❑ _____

❑ _____

❑ _____

❑ _____

❑ _____

❑ _____

❑ _____

_____

_____

_____

_____

_____

_____

_____

Monday

Tuesday

Wednesday

Thursday

Friday

Saturday

Sunday

Plan For Week 13:_____

Monday

Tuesday

Wednesday

Thursday

Friday

Saturday

Sunday

Week 14 _____

My Top Objectives

- ❖ _____
- ❖ _____
- ❖ _____
- ❖ _____

Tuesday

To Do List

- ❑ _____
- ❑ _____
- ❑ _____
- ❑ _____
- ❑ _____
- ❑ _____
- ❑ _____

Wednesday

Thursday

Friday

_____

_____

_____

_____

_____

_____

_____

Saturday

Sunday

Plan For Week 14:_____

Monday

Tuesday

Wednesday

Thursday

Friday

Saturday

Sunday

Reflection On The Year So Far

How Do I Feel About This Year So Far?

How Can I Encourage Student Engagement Beyond The Classroom?

What Are Some Positives to Enhance?

What Are Some Weaknesses To Fix?

What 2 Things Will I Change Going Forward?

What 2 Things Are Working Really Well?

NOTES:

Week 15_____

My Top Objectives

❖ _____

❖ _____

❖ _____

❖ _____

To Do List

❑ _____

❑ _____

❑ _____

❑ _____

❑ _____

❑ _____

❑ _____

_____

_____

_____

_____

_____

_____

_____

Monday

Tuesday

Wednesday

Thursday

Friday

Saturday

Sunday

Plan For Week 15:_____

Monday

Tuesday

Wednesday

Thursday

Friday

Saturday

Sunday

Week 16_____

My Top Objectives

❖ _____

❖ _____

❖ _____

❖ _____

To Do List

❑ _____

❑ _____

❑ _____

❑ _____

❑ _____

❑ _____

❑ _____

Monday

Tuesday

Wednesday

Thursday

Friday

Saturday

Sunday

Plan For Week 16:_____

Monday

Tuesday

Wednesday

Thursday

Friday

Saturday

Sunday

Week 17_____

Monday

Tuesday

Wednesday

Thursday

Friday

Saturday

Sunday

Plan For Week 17:_____

Monday

Tuesday

Wednesday

Thursday

Friday

Saturday

Sunday

Week 18_____

My Top Objectives

❖ _____

❖ _____

❖ _____

❖ _____

To Do List

☐ _____

☐ _____

☐ _____

☐ _____

☐ _____

☐ _____

☐ _____

_____

_____

_____

_____

_____

_____

_____

Monday

Tuesday

Wednesday

Thursday

Friday

Saturday

Sunday

Plan For Week 18:_____

Monday

Tuesday

Wednesday

Thursday

Friday

Saturday

Sunday

Week 19 _____

My Top Objectives

❖ _____

❖ _____

❖ _____

❖ _____

To Do List

❑ _____

❑ _____

❑ _____

❑ _____

❑ _____

❑ _____

❑ _____

_____

_____

_____

_____

_____

_____

_____

Monday

Tuesday

Wednesday

Thursday

Friday

Saturday

Sunday

Plan For Week 19:_____

Monday

Tuesday

Wednesday

Thursday

Friday

Saturday

Sunday

Week 20 _____

My Top Objectives

❖ _____

❖ _____

❖ _____

❖ _____

To Do List

❑ _____

❑ _____

❑ _____

❑ _____

❑ _____

❑ _____

❑ _____

Monday
Tuesday
Wednesday
Thursday
Friday
Saturday
Sunday

Plan For Week 20:_____

Monday

Tuesday

Wednesday

Thursday

Friday

Saturday

Sunday

Week 21 _____

My Top Objectives

❖ _____

❖ _____

❖ _____

❖ _____

Tuesday

To Do List

❑ _____

❑ _____

❑ _____

❑ _____

❑ _____

❑ _____

❑ _____

Wednesday

Thursday

_____

_____

_____

Friday

_____

_____

_____

_____

_____

Saturday

Sunday

61

Plan For Week 21:_____

Monday

Tuesday

Wednesday

Thursday

Friday

Saturday

Sunday

Week 22 _____

My Top Objectives

- ❖ _____
- ❖ _____
- ❖ _____
- ❖ _____

To Do List

- ☐ _____
- ☐ _____
- ☐ _____
- ☐ _____
- ☐ _____
- ☐ _____
- ☐ _____

_____

_____

_____

_____

_____

_____

Monday

Tuesday

Wednesday

Thursday

Friday

Saturday

Sunday

Plan For Week 22:_____

Monday

Tuesday

Wednesday

Thursday

Friday

Saturday

Sunday

Week 23_____

My Top Objectives

❖ _____

❖ _____

❖ _____

❖ _____

To Do List

☐ _____

☐ _____

☐ _____

☐ _____

☐ _____

☐ _____

☐ _____

_____

_____

_____

_____

_____

_____

Monday

Tuesday

Wednesday

Thursday

Friday

Saturday

Sunday

Plan For Week 23:_____

Monday

Tuesday

Wednesday

Thursday

Friday

Saturday

Sunday

Week 24 _____

My Top Objectives

❖ _____

❖ _____

❖ _____

❖ _____

To Do List

☐ _____

☐ _____

☐ _____

☐ _____

☐ _____

☐ _____

☐ _____

_____

_____

_____

_____

_____

_____

_____

Tuesday

Wednesday

Thursday

Friday

Saturday

Sunday

Plan For Week 24:_____

Monday

Tuesday

Wednesday

Thursday

Friday

Saturday

Sunday

Week 25_____

My Top Objectives

❖ _____

❖ _____

❖ _____

❖ _____

Tuesday

To Do List

❏ _____

❏ _____

❏ _____

❏ _____

❏ _____

❏ _____

❏ _____

Wednesday

Thursday

_____

_____

_____

_____

_____

_____

_____

Friday

Saturday

Sunday

Plan For Week 25:_____

Monday

Tuesday

Wednesday

Thursday

Friday

Saturday

Sunday

Week 26 _____

- ❖ _____
- ❖ _____
- ❖ _____
- ❖ _____

To Do List

- ☐ _____
- ☐ _____
- ☐ _____
- ☐ _____
- ☐ _____
- ☐ _____
- ☐ _____

_____

_____

_____

_____

_____

_____

_____

Monday

Tuesday

Wednesday

Thursday

Friday

Saturday

Sunday

Plan For Week 26:_____

Monday

Tuesday

Wednesday

Thursday

Friday

Saturday

Sunday

Week 27 _____

My Top Objectives

❖ _____

❖ _____

❖ _____

❖ _____

To Do List

☐ _____

☐ _____

☐ _____

☐ _____

☐ _____

☐ _____

☐ _____

_____

_____

_____

_____

_____

_____

Monday

Tuesday

Wednesday

Thursday

Friday

Saturday

Sunday

Plan For Week 27:_____

Monday

Tuesday

Wednesday

Thursday

Friday

Saturday

Sunday

Week 28 _____

My Top Objectives

❖ _____

❖ _____

❖ _____

❖ _____

To Do List

☐ _____

☐ _____

☐ _____

☐ _____

☐ _____

☐ _____

☐ _____

_____

_____

_____

_____

_____

_____

_____

Monday

Tuesday

Wednesday

Thursday

Friday

Saturday

Sunday

Plan For Week 28:＿＿＿＿＿＿

Monday

Tuesday

Wednesday

Thursday

Friday

Saturday

Sunday

Reflection On The Year So Far

How Do I Feel About This Year So Far?

How Can I Encourage Student Engagement Beyond The Classroom?

What Are Some Positives to Enhance?

What Are Some Weaknesses To Fix?

What 2 Things Will I Change Going Forward?

What 2 Things Are Working Really Well?

NOTES:

Week 29 _____

My Top Objectives

- ❖ _____
- ❖ _____
- ❖ _____
- ❖ _____

To Do List

- ☐ _____
- ☐ _____
- ☐ _____
- ☐ _____
- ☐ _____
- ☐ _____
- ☐ _____

_____

_____

_____

_____

_____

_____

_____

Monday

Tuesday

Wednesday

Thursday

Friday

Saturday

Sunday

Plan For Week 29:_____

Monday

Tuesday

Wednesday

Thursday

Friday

Saturday

Sunday

Week 30 _____

My Top Objectives

- ❖ _____
- ❖ _____
- ❖ _____
- ❖ _____

To Do List

- ☐ _____
- ☐ _____
- ☐ _____
- ☐ _____
- ☐ _____
- ☐ _____
- ☐ _____

_____

_____

_____

_____

_____

_____

_____

Monday

Tuesday

Wednesday

Thursday

Friday

Saturday

Sunday

Plan For Week 30:_____

Monday

Tuesday

Wednesday

Thursday

Friday

Saturday

Sunday

Week 31_____

My Top Objectives

❖ _____

❖ _____

❖ _____

❖ _____

Tuesday

To Do List

❑ _____

❑ _____

❑ _____

❑ _____

❑ _____

❑ _____

❑ _____

Wednesday

Thursday

_____

_____

_____

_____

_____

_____

_____

Friday

Saturday

Sunday

Plan For Week 31:_____

Monday

Tuesday

Wednesday

Thursday

Friday

Saturday

Sunday

Week 32 _____

My Top Objectives

- ❖ _____
- ❖ _____
- ❖ _____
- ❖ _____

Tuesday

To Do List

- ☐ _____
- ☐ _____
- ☐ _____
- ☐ _____
- ☐ _____
- ☐ _____
- ☐ _____

Wednesday

Thursday

_____

_____

_____

_____

_____

_____

_____

Friday

Saturday

Sunday

Plan For Week 32:_____

Monday

Tuesday

Wednesday

Thursday

Friday

Saturday

Sunday

Week 33_____

My Top Objectives

❖ _____

❖ _____

❖ _____

❖ _____

To Do List

☐ _____

☐ _____

☐ _____

☐ _____

☐ _____

☐ _____

☐ _____

_____

_____

_____

_____

_____

_____

Monday

Tuesday

Wednesday

Thursday

Friday

Saturday

Sunday

Plan For Week 33:_____

Monday

Tuesday

Wednesday

Thursday

Friday

Saturday

Sunday

Week 34 _____

My Top Objectives

❖ _____

❖ _____

❖ _____

❖ _____

Tuesday

To Do List

❑ _____

❑ _____

❑ _____

❑ _____

❑ _____

❑ _____

❑ _____

Wednesday

Thursday

_____

_____

_____

_____

_____

_____

_____

_____

Friday

Saturday

Sunday

Plan For Week 34:_____

Monday

Tuesday

Wednesday

Thursday

Friday

Saturday

Sunday

Week 35_____

My Top Objectives

❖ _____

❖ _____

❖ _____

❖ _____

To Do List

❑ _____

❑ _____

❑ _____

❑ _____

❑ _____

❑ _____

❑ _____

_____

_____

_____

_____

_____

Monday

Tuesday

Wednesday

Thursday

Friday

Saturday

Sunday

Plan For Week 35:_____

Monday

Tuesday

Wednesday

Thursday

Friday

Saturday

Sunday

Week 36 _____

My Top Objectives

- ❖ _____
- ❖ _____
- ❖ _____
- ❖ _____

To Do List

- ☐ _____
- ☐ _____
- ☐ _____
- ☐ _____
- ☐ _____
- ☐ _____
- ☐ _____

_____
_____
_____
_____
_____

Monday

Tuesday

Wednesday

Thursday

Friday

Saturday

Sunday

Plan For Week 36:_____

Monday

Tuesday

Wednesday

Thursday

Friday

Saturday

Sunday

Week 37_____

My Top Objectives

- ❖ _____
- ❖ _____
- ❖ _____
- ❖ _____

To Do List

- ☐ _____
- ☐ _____
- ☐ _____
- ☐ _____
- ☐ _____
- ☐ _____
- ☐ _____

_____

_____

_____

_____

_____

_____

Monday

Tuesday

Wednesday

Thursday

Friday

Saturday

Sunday

Plan For Week 37:_____

Monday

Tuesday

Wednesday

Thursday

Friday

Saturday

Sunday

Week 38_____

My Top Objectives

- ❖ _____
- ❖ _____
- ❖ _____
- ❖ _____

To Do List

- ☐ _____
- ☐ _____
- ☐ _____
- ☐ _____
- ☐ _____
- ☐ _____
- ☐ _____

Monday

Tuesday

Wednesday

Thursday

Friday

Saturday

Sunday

Plan For Week 38:_____

Monday

Tuesday

Wednesday

Thursday

Friday

Saturday

Sunday

Week 39 _____

My Top Objectives

- ❖ _____
- ❖ _____
- ❖ _____
- ❖ _____

Tuesday

To Do List

- ❑ _____
- ❑ _____
- ❑ _____
- ❑ _____
- ❑ _____
- ❑ _____
- ❑ _____

Wednesday

Thursday

Friday

_____

_____

_____

_____

_____

_____

Saturday

Sunday

Plan For Week 39:_____

Monday

Tuesday

Wednesday

Thursday

Friday

Saturday

Sunday

Week 40 _____

My Top Objectives

- ❖ _____
- ❖ _____
- ❖ _____
- ❖ _____

To Do List

- ☐ _____
- ☐ _____
- ☐ _____
- ☐ _____
- ☐ _____
- ☐ _____
- ☐ _____

_____
_____
_____
_____
_____
_____

Monday

Tuesday

Wednesday

Thursday

Friday

Saturday

Sunday

Plan For Week 40:_____

Monday	
Tuesday	
Wednesday	
Thursday	
Friday	
Saturday	
Sunday	

Week 41_____

My Top Objectives

❖ _____

❖ _____

❖ _____

❖ _____

Tuesday

To Do List

❑ _____

❑ _____

❑ _____

❑ _____

❑ _____

❑ _____

❑ _____

Wednesday

Thursday

_____

_____

_____

_____

_____

_____

_____

Friday

Saturday

Sunday

Plan For Week 41:_____

Monday

Tuesday

Wednesday

Thursday

Friday

Saturday

Sunday

Week 42_____

My Top Objectives

- ❖ _____
- ❖ _____
- ❖ _____
- ❖ _____

Tuesday

To Do List

- ☐ _____
- ☐ _____
- ☐ _____
- ☐ _____
- ☐ _____
- ☐ _____
- ☐ _____

Wednesday

Thursday

_____

_____

_____

_____

_____

_____

Friday

Saturday

Sunday

Plan For Week 42:_____

Monday

Tuesday

Wednesday

Thursday

Friday

Saturday

Sunday

Reflection On The Year So Far

How Do I Feel About This Year So Far?

How Can I Encourage Student Engagement Beyond The Classroom?

What Are Some Positives to Enhance?

What Are Some Weaknesses To Fix?

What 2 Things Will I Change Going Forward?

What 2 Things Are Working Really Well?

NOTES:

Week 43_____

My Top Objectives

- ❖ _____
- ❖ _____
- ❖ _____
- ❖ _____

To Do List

- ☐ _____
- ☐ _____
- ☐ _____
- ☐ _____
- ☐ _____
- ☐ _____
- ☐ _____

_____

_____

_____

_____

_____

_____

_____

Monday

Tuesday

Wednesday

Thursday

Friday

Saturday

Sunday

Plan For Week 43:_____

Monday

Tuesday

Wednesday

Thursday

Friday

Saturday

Sunday

Week 44_____

❖ _____

❖ _____

❖ _____

❖ _____

To Do List

☐ _____

☐ _____

☐ _____

☐ _____

☐ _____

☐ _____

☐ _____

_____

_____

_____

_____

_____

_____

_____

Monday

Tuesday

Wednesday

Thursday

Friday

Saturday

Sunday

Plan For Week 44:_____

Monday

Tuesday

Wednesday

Thursday

Friday

Saturday

Sunday

Week 45 _____

My Top Objectives

❖ _____

❖ _____

❖ _____

❖ _____

To Do List

☐ _____

☐ _____

☐ _____

☐ _____

☐ _____

☐ _____

☐ _____

_____

_____

_____

_____

_____

_____

_____

Monday

Tuesday

Wednesday

Thursday

Friday

Saturday

Sunday

Plan For Week 45:_____

Monday

Tuesday

Wednesday

Thursday

Friday

Saturday

Sunday

Week 46 _____

My Top Objectives

❖ _____

❖ _____

❖ _____

❖ _____

To Do List

☐ _____

☐ _____

☐ _____

☐ _____

☐ _____

☐ _____

☐ _____

_____

_____

_____

_____

_____

_____

_____

_____

Monday

Tuesday

Wednesday

Thursday

Friday

Saturday

Sunday

Plan For Week 46:_____

Monday

Tuesday

Wednesday

Thursday

Friday

Saturday

Sunday

Week 47_____

My Top Objectives

- ❖ _____
- ❖ _____
- ❖ _____
- ❖ _____

Tuesday

To Do List

- ❑ _____
- ❑ _____
- ❑ _____
- ❑ _____
- ❑ _____
- ❑ _____
- ❑ _____

Wednesday

Thursday

_____

_____

_____

_____

_____

_____

_____

Friday

Saturday

Sunday

Plan For Week 47:_____

Monday

Tuesday

Wednesday

Thursday

Friday

Saturday

Sunday

Week 48_____

My Top Objectives

- ❖ _____
- ❖ _____
- ❖ _____
- ❖ _____

To Do List

- ☐ _____
- ☐ _____
- ☐ _____
- ☐ _____
- ☐ _____
- ☐ _____
- ☐ _____

Monday

Tuesday

Wednesday

Thursday

Friday

Saturday

Sunday

Plan For Week 48:_____

Monday

Tuesday

Wednesday

Thursday

Friday

Saturday

Sunday

Week 49 _____

My Top Objectives

❖ _____

❖ _____

❖ _____

❖ _____

Tuesday

To Do List

❑ _____

❑ _____

❑ _____

❑ _____

❑ _____

❑ _____

❑ _____

Wednesday

Thursday

_____

_____

_____

_____

_____

_____

Friday

Saturday

Sunday

Plan For Week 49:_____

Monday

Tuesday

Wednesday

Thursday

Friday

Saturday

Sunday

Week 50_____

Monday

Tuesday

Wednesday

Thursday

Friday

Saturday

Sunday

Plan For Week 50:_____

Monday

Tuesday

Wednesday

Thursday

Friday

Saturday

Sunday

Week 51_____

My Top Objectives

❖ _____

❖ _____

❖ _____

❖ _____

To Do List

❑ _____

❑ _____

❑ _____

❑ _____

❑ _____

❑ _____

❑ _____

_____

_____

_____

_____

_____

_____

_____

_____

Tuesday

Wednesday

Thursday

Friday

Saturday

Sunday

Plan For Week 51:_____

Monday	
Tuesday	
Wednesday	
Thursday	
Friday	
Saturday	
Sunday	

Week 52 _____

My Top Objectives

❖ _____

❖ _____

❖ _____

❖ _____

To Do List

❑ _____

❑ _____

❑ _____

❑ _____

❑ _____

❑ _____

❑ _____

_____

_____

_____

_____

_____

_____

Monday

Tuesday

Wednesday

Thursday

Friday

Saturday

Sunday

Plan For Week 52:_____

Monday

| Tuesday |

| Wednesday |

| Thursday |

| Friday |

| Saturday |

| Sunday |

Reflection On The Year

How Do I Feel About How This Year Went Over All?

How Did I Encourage Student Engagement Beyond The Classroom?

What Are 2 Positives to Retain For Next Year?

What Are 2 Things To Not Do Again Next Year?

What 2 Things I Loved About This Year?

What 2 Things Worked Really Well?

NOTES:

NOTES:

NOTES:

NOTES:

NOTES:

NOTES:

NOTES:

NOTES:

NOTES:

NOTES:

NOTES:

NOTES:

NOTES:

NOTES:

NOTES:

NOTES:

Time to head to Amazon To Order Another Book
If you found this book helpful we hope that you will share that
By leaving a review on Amazon.

Made in the USA
Lexington, KY
31 July 2019